Copyright : Z4 Éditions 2019
ISBN : 978-2-490595-35-8

LAMENTO
(1944 – 1994)

LAMENTO
(1944 – 1994)

Jean-Claude Pecker

Jean-Claude Pecker

Jean-Claude Pecker, le 7 mai 1944, avec ses parents
Nelly et Victor, chez son oncle André.
Arrêtés trois jours plus tard,
le jour des 21 ans de Jean-Claude,
Nelly et Victor seront déportés à Auschwitz Birkenau,
d'où ils ne reviendront pas.
Photo : © André Pecker

Lamento

Les Textes qui suivent ont été écrits longtemps après la disparition de mes parents dans le gouffre d'Auschwitz.

Ils ont été arrêtés en mai 1944. Le 10 mai pour être plus précis c'est-à-dire le jour de mon 21e anniversaire.

Nelly était une femme pensive douce et aimante.

Victor était un homme fort vibrant et actif.

Je ne me suis jamais remis leur disparition. Ils ont été arrêtés parce qu'ils étaient juifs. Après un séjour à Drancy un horrible train les a amenés à Auschwitz. Ils n'en sont jamais revenus.

Perdu

Lamento

Ai-je déjà perdu
le goût de mes amours ?
Ai-je déjà perdu
les odeurs et les jours
les couleurs et la nuit
la paix et la douceur ?

Ai-je déjà perdu
l'ombre de mes amours ?

Cendres

Lamento

I

Un jour - un mois - un an -
cent ans
les souvenirs affreux s'agitent dans leurs cendres
j'ai senti ce mois-ci tout le passé descendre
sur mes yeux - sur mon cœur, comme tombe le temps
lourdement, sans espoir, sans que je puisse attendre
autre chose demain ni été ni printemps
qu'un éternel hiver où gèle à pierre fendre
le vieux soleil pâli de mes amours d'antan
le vieux soleil pâli d'une enfance miracle
d'une enfance ancienne où tout restait souriant
où ne perçaient jamais les odeurs de débâcles
où je marchais tranquille entre les fleurs des champs
où tout était en place ouvrant les avenirs.

Il ne reste plus rien que de se souvenir

Jean-Claude Pecker

II

Mais il ne reste plus rien
d'eux
ce serait... ce serait comment ?

La vague empreinte sur la cendre
le poids évanoui d'un corps sur un grabat
ce serait un long cri ,et j'ai bien cru l'entendre
sur l'île d'autrefois sur la lande là-bas
là-bas là-bas là-bas là-bas là-bas là-bas

Ce serait un soupir dans un train qui défaille
un murmure étouffé sous un monceau de temps
ce serait un regard vers un ciel oublié
ce serait un regard vers les passés perdus
ce serait des espoirs oubliés à jamais
ce serait un regard sur l'avenir déchu.

Lamento

Il ne reste rien d'autre il ne reste rien d'eux
que ce cri étouffé que j'entends sur la lande
que ce regard dernier vers moi qui suis si loin.

Soleil éteint

Lamento

Le Soleil luit pour qui ? pour toi ? pour lui ? pour moi ?
Le Soleil ne luit pas
Dans le wagon plombé des dernières escales
dans le wagon fermé où l'on meurt des odeurs
odeurs de la mort lente, odeurs des hommes sales.

Le Soleil luit dehors
seulement pour les morts
mais pas pour les mourants
pas pour l'éternité de la mort attendue
pas pour l'éternité de la vie suspendue

Mais rien pour les vivants
que l'inutile aveu d'un Soleil invisible
par-delà tous les murs, par-delà les espaces
que l'inutile aveu de la vie qui se passe
et des vivants qui passent
sans pleurer sans ciller sur les ombres qui meurent
le Soleil luit pour eux
pour avouer son crime
très inutilement
Eux, ils ne savent rien…

Eux

Lamento

Elle avait ce sourire que je n'ai plus revu
pour un enfant tout pâle, et ses avenirs blonds.

    Elle avait ce sourire
    pour la fille bancale
    pour l'élève assidue
    pour l'élève éblouie
    Elle avait ce sourire
    pour la vie pour la vie

    Elle avait ce sourire
    même pour ses bourreaux
    surtout pour ses bourreaux
    surtout devant sa mort

Dans le wagon sinistre elle avait ce sourire
Et dans la chambre à gaz elle avait ce sourire
Comme un soleil rêvé crispé devant la mort.

Elle avait ce sourire que je n'ai plus revu
    Hélas si j'avais su !
Elle aura ce sourire à jamais à jamais...

Jean-Claude Pecker

Et lui...

Et lui riait de tout,
à la fille qui passe, à l'enfant blond souvent
à la vie qui s'en va.
Son rire éclatait sur la lande
quand plus tard j'y suis revenu
Il n'était plus là, il n'était plus rien..
Son rire éclatait sur la plage
dans l'éblouissement des eaux qui s'envolaient
son rire éclatait trop
pour un oui pour un non
il éclate toujours pour l'éternel jamais
de sa vie étouffée
dans un camp de là-bas
dans un camp de poussière dans un camp de grisaille
dans un camp de la mort
Je n'aime plus entendre rire.

Il était mon père
elle était ma mère
je ne suis pas fier de la mort subite qui les a gommés
je ne suis pas fier

  Lamento

                    mais puis-je oublier?
                    ils auraient pu vivre
            leur sourire et leur rire auraient pu se tourner
                        vers d'autres enfants blonds
              pourrait-on oublier ce rire et ce sourire ?

                    Il me reste que le brouillard…

Sommeil

Lamento

J'ai dormi cinquante ans
pendant que l'air coulait
froid, triste, et si gluant
sur les fronts dégarnis
des hommes de toujours
des enfants de jamais
j'ai dormi cinquante ans
dans le regard des autres
comme si je vivais
comme si je mourais
comme si l'on pouvait
ne pas dormir dormir
dans un monde déjà
mort aux soleils de vie
mort aux fleurs de jouvence
mort aux éclairs de l'aube.

Un bruit épouvantable

Lamento

J'ai tenté bien souvent de parler d'autre chose
de chanter les amours de naïades surprises
au bord d'un grand lagon bleu comme tes yeux perdus
quand la mer monte bordée de blanc par vagues lentes
sur les pieds, et que les parfums de fleurs lourdes et
rouges
se mêlent à ces vagues en un bonheur lascif
mais le train qui passe là-bas,
train noir sur un chemin de rouille,
le train fermé, planches mal jointes, et bien trop plein
fait tant de bruit
le bruit insupportable
d'un train qui monte vers le nord

J'ai bien tenté de penser aux amours
plus réels que la vie plus vivants que la mort
Elle avait de grands yeux étonnés et des bouclettes
blondes
sur la plage là-bas, au pied d'une montagne
et nous nous regardions une main dans la main

Jean-Claude Pecker

comme on regarde parfois
un avenir nouveau, un monde qui s'éveille
le soleil sur les champs tout luisants de rosée
Et puis dans le lointain, au pied de la montagne
un train noir est passé qui montait vers le nord
au bruit insupportable
des essieux mal graissés
sur un chemin de rouille
vers le nord vers la mort
j'ai regardé le ciel avec des yeux de gloire
comme si le métier et la science de tout
pouvaient me rendre un œil
serein sur toutes choses
j'ai vu les astres roux, les tourbillons infâmes
et les nuages faux des poussières du monde
le bruit des galaxies qui tournent sans arrêt
n'est rien, je l'entends bien ,
quand j'entends le vieux train noir,
de planches pourries, qui roule vers le nord
le bruit épouvantable

Lamento

de carcasse rouillée

qui roule vers le nord qui roule vers la mort

j'ai pensé être utile à tous ceux qui restaient

quelques gestes restreints, des envols dérisoires

comme si je ne croyais guère à ce que je faisais

des comités des réunions des directions des commissions

le bruit des voix polaires dans les amphis du siècle

n'est qu'un murmure pâle

reste dans mon oreille un bruit épouvantable

qui passe et qui repasse,

plus fort que tous les bruits

celui du train tout noir, qui roule dans la nuit

vers le nord vers la mort

carcasse de ferraille

emmenant les carcasses déjà de mort souillées

de ceux que j'ai aimés.

Le bruit épouvantable

du train noir où l'espoir est mort.

In memoriam

Lamento

Ils ont marché de nuit sur la lande gelée
ils ont crié sans voix
ils ont dévoré les raclures
dont les autres ne voulaient pas
et bu les larmes essuyées
ils ont attendu des siècles si courts
à cropetons sur le sol dur
ils ont séché sur le sol dur
battus sans fin.

Nous étions avec eux comme de grands nuages
mais nous en souvenons-nous hélas ?
Car ils ont disparu emportant mon image
lumineuse pour eux tous seuls
il me reste le corps desséché des vivants
nous attendrons pendant notre vie mécanique
cette douleur ces hommes mon père
qui sont morts sans nous oublier.

L'Oubli

Lamento

Tout le monde descend
Le monde entier ne finit pas d'en descendre
du vieux train vermoulu
du train noir du silence
du train qui n'a plus de regard
du train perdu des souvenirs
je ne finis pas d'en descendre

Ceux qui nous ont connus
sont morts aux champs d'horreur.
Que sont mes parents devenus ?
Ce n'est pas tant la mort
que de sentir l'oubli
dans le regard des autres ou dans le non-regard
de ces yeux qui évitent
l'absent qui passe encore.
Et d'ailleurs n'est-ce-pas
M'ont-ils jamais connu ?
Passez votre chemin
passez votre regard

il y a bien longtemps
que je ne suis plus là.

Table des matières

Perdu.. 9

Cendres.. 13

Soleil éteint... 19

Eux... 23

Sommeil.. 29

Un bruit épouvantable.................... 33

In memoriam............................... 39

L'oubli.. 43

Achevé d'imprimer en janvier 2019
Pour le compte de Z4 Éditions

www.ingramcontent.com/pod-product-compliance
Lightning Source LLC
Chambersburg PA
CBHW031436040426
42444CB00006B/837